Mancala, das Nationalspiel Afrikas

Stewart Culin

Writat

Diese Ausgabe erschien im Jahr 2023

ISBN: 9789359257235

Herausgegeben von
Writat
E-Mail: info@writat.com

MANCALA, DAS NATIONALSPIEL AFRIKAS. [1]

Von STEWART CULIN ,

Direktor des Museums für Archäologie und Paläontologie , University of Pennsylvania .

[1] Gelesen vor dem Oriental Club of Philadelphia, 10. Mai 1894.

Die vergleichende Untersuchung von Spielen verspricht einen wichtigen Beitrag zur Kulturgeschichte. Die Fragen, die mit ihrer Verbreitung über die Erde verbunden sind, gehören zu den lebenswichtigen, die den Ethnologen verwirren. Ihre Ursprünge gehen in der ungeschriebenen Geschichte der menschlichen Kindheit verloren. Mancala ist ein Spiel, das sich durch seine besondere Verbreitung auszeichnet, die die Grenzen der arabischen Kultur zu markieren scheint und gerade unseren eigenen Kontinent erobert hat, nachdem es jahrhundertelang dazu gedient hatte, die Bewohner von fast der Hälfte der bewohnten Fläche der Erde abzulenken.

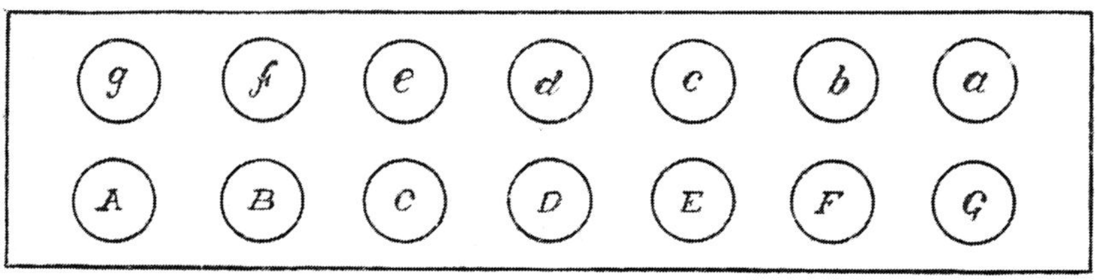

Abb. 1.
MANCALA .
Nach einer Figur von Lane.

Der Besucher der kleinen syrischen Kolonie in der Washington Street in New York City wird oft zwei Männer finden, die dieses Spiel spielen wollen. Sie nennen es Mancala. Die Geräte bestehen aus einem Brett mit zwei Reihen becherförmiger Vertiefungen und etwa einer Handvoll Kieselsteinen oder Muscheln, die sie mit großer Geschwindigkeit von einem Loch zum anderen transportieren. Ein Junge aus Damaskus beschrieb mir die Spielweise. Es gibt zwei grundsätzliche Möglichkeiten, die von der Art und Weise abhängen, wie die Spielsteine zu Beginn des Spiels verteilt werden. Es treten immer zwei Personen an, und es werden achtundneunzig Kaurimuscheln (Wada) oder Kieselsteine (Hajdar) verwendet. Ein Spiel heißt La'b madjnuni oder das „verrückte Spiel". Die Spieler setzen sich mit dem Brett in Längsrichtung zwischen sich hin. Man verteilt die Teile in den vierzehn Löchern, sogenannten Bute , „Häusern", wobei nicht weniger als zwei in ein Loch gelegt werden. Dieser Spieler nimmt dann alle Spielsteine aus dem Loch rechts in seiner Reihe, Abb. 1 , G , genannt el ras , „der Kopf", und wirft sie einzeln in die Löcher auf der gegenüberliegenden Seite, beginnend mit *a* , *b* , *c* usw. Wenn noch welche übrig sind, nachdem er jeweils eins in die Löcher auf der gegenüberliegenden Seite gelegt hat , fährt er mit seiner eigenen Reihe A , B , C fort . Wenn er sein letztes Stück fallen gelassen hat , nimmt er alle Stücke aus dem Loch und lässt sie wie zuvor herumfallen. Dies geschieht so lange, bis eines von zwei Dingen passiert – sein letzter Stein fällt in ein leeres Loch, wenn er anhält und sein Gegner spielt, oder er fällt in ein Loch mit einem oder drei Steinen, wodurch zwei oder vier vervollständigt werden. In diesem Fall nimmt er die zwei oder vier Stücke mit denen im gegenüberliegenden Loch, und wenn eines oder mehrere der folgenden Löcher zwei oder vier enthalten, ohne dass ein Loch mit einer anderen Anzahl dazwischenkommt, nimmt er deren Inhalt mit den gegenüberliegenden. Der zweite Spieler nimmt vom Loch *g* und verteilt seine Spielsteine um A , B , C. Ist der Kopf leer, nimmt der Spieler das nächste Loch in seiner Reihe. Wenn das Spielbrett abgeräumt ist, zählt jeder Spieler die Zahl, die er über seinem Gegner hat, als seinen Gewinn. Bei diesem Spiel ist keine Geschicklichkeit erforderlich oder von Nutzen, das Ergebnis ist eine mathematische Gewissheit, abhängig von der Art und Weise, wie die Spielsteine zu Beginn verteilt wurden. Labor Hakimi , das „rationale Spiel" oder La'b Akila , das „Intelligente Spiel", wird im Gegensatz zum Vorstehenden so genannt. Der Erfolg hängt dabei weitgehend vom Können der Spieler ab. Bei diesem Spiel ist es in Syrien üblich, in jedes Loch sieben Spielsteine zu legen. Anstatt zuerst das Loch auf der rechten Seite zu nehmen, können die Spieler auch ein beliebiges Loch auf ihrer Seite des Spielbretts als Startplatz wählen. Sie berechnen das Loch, in das das letzte Stück fallen wird, und das Ergebnis hängt weitgehend von dieser Berechnung ab. Labor roseÿa ist eine Variante des ersten Spiels und wird nur von Kindern gespielt. In jedes Loch werden sieben Kaurischnecken gelegt, und der erste Spieler gewinnt ausnahmslos. Mein syrischer Freund erzählte mir, dass die im Spiel verwendeten Muscheln von der Küste des Roten Meeres stammen. Mancala ist ein weit verbreitetes Spiel in syrischen Cafés. Kinder spielen das Spiel häufig in Erdlöchern, wenn sie kein Brett haben, ein Gerät, auf das auch Reisende zurückgreifen, die sich nebenbei treffen.

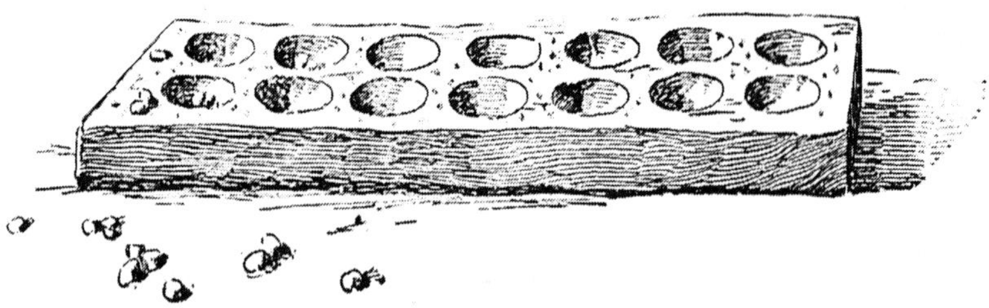

Abb. 2.
MANCALA-BRETT.
Jerusalem.Kat. Nr. 15296, Museum für Archäologie und Paläontologie ,
University of Pennsylvania.

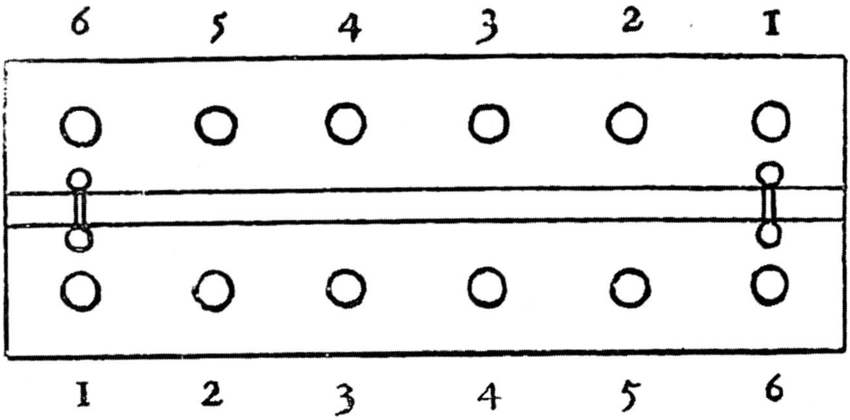

Abb. 3.
MANCALA-BRETT.
Nach einer Figur von Hyde.

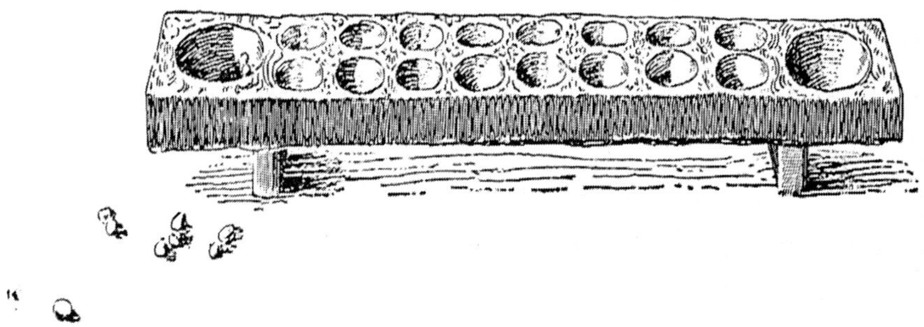

Abb. 4.
VORSTAND FÜR NARANJ (MANCALA).
Malediven .
Katze. Nr. 16380, Museum für Archäologie und Paläontologie , University of Pennsylvania.

PLATTE 1.

TÜRKISCHE MÄDCHEN SPIELEN MANCALA.

Von einem alten Druck.

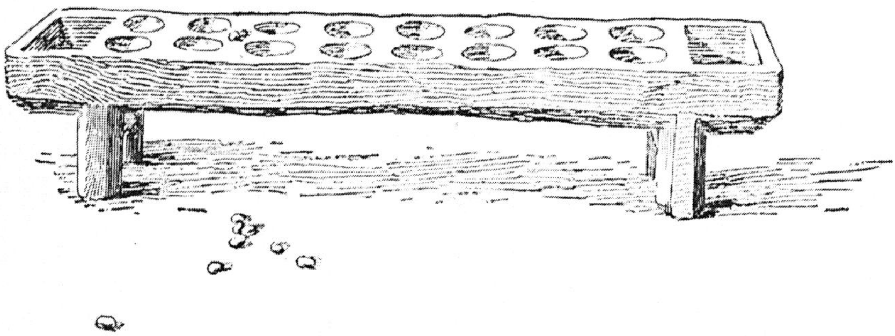

Abb. 5.
VORSTAND FÜR NARANJ (MANCALA).
Malediven .
Katze. Nr. 16379, Museum für Archäologie und Paläontologie , University of Pennsylvania.

Eine Tafel im Archäologischen Museum der University of Pennsylvania in Jerusalem ist in Abb. 1 dargestellt. 2 und einer aus Beirut, Syrien, in Taf. 2, Abb. 1.

Mancala, der Name, den die Syrer diesem Spiel geben, ist ein gebräuchliches arabisches Wort und bedeutet in diesem Zusammenhang „Spiel des Übertragens“. Es wird im Koran nicht unter diesem Namen erwähnt, muss aber den Arabern im Mittelalter bekannt gewesen sein, da es im Kommentar zum Kitab al Aghani, dem „Buch der Lieder“, erwähnt wird, in dem von einem „ Spiel wie Mancala.“

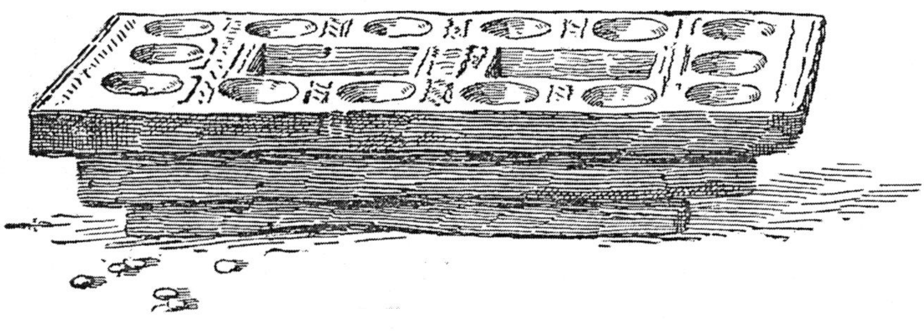

Abb. 6.
BRETT FÜR CHANKA (MANCALA).
Ceylon.Cat. Nr. 16381, Museum für Archäologie und Paläontologie , University of Pennsylvania.

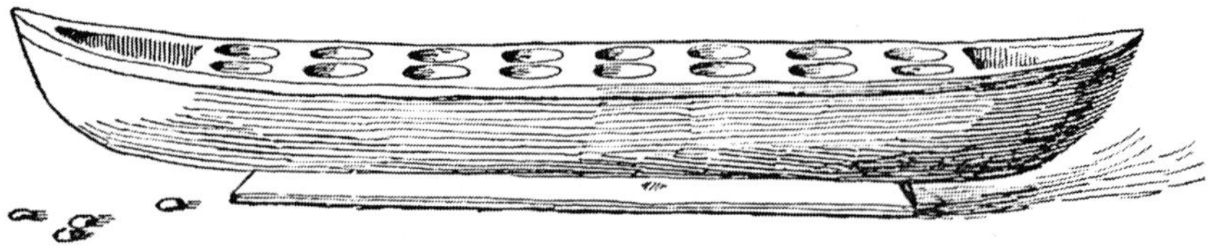

Abb. 7.
BRETT FÜR CHONGKAK (MANCALA).
Johore, Malaiische Halbinsel. Katze. Nr. 16382, Museum für Archäologie und Paläontologie , University of Pennsylvania.

Dr. Thomas Hyde hat vor zweihundert Jahren in seiner Abhandlung „De Ludis Orientalibus " (siehe Abb. 3) und Lane beschreibt es in „Manners and Customs of the Modern Egyptians" sehr ausführlich, wie es in Kairo auf einem Brett mit zwölf Löchern gespielt wurde, ganz in der Art und Weise, wie ich es beschrieben habe. Dort werden 72 Muscheln oder Kieselsteine verwendet, und ob Muscheln oder Kieselsteine, sie werden gleichgültig Hasa genannt . Die halbkugelförmigen Löcher im Brett werden Buyoot , Plural von Beyt, genannt . Die Punktzahl des Spiels beträgt sechzig, und wenn die aufeinanderfolgenden Gewinne eines Spielers diese Summe erreichen, hat er gewonnen. Ich stellte bald fest, dass ich von meinem syrischen Bekannten nichts erfahren hatte, was nicht aufgezeichnet worden wäre, aber als ich das Damaskus-Haus im türkischen Dorf auf der Columbian Exposition in Chicago besuchte, konnte ich mit den Syrern in das Spiel eintauchen und war beeindruckt mit der eigentümlichen Verbreitung des Spiels über die Welt. Die Ceylon-Ausstellung enthielt Bretter von den Malediven mit sechzehn Löchern in zwei parallelen Reihen und einem großen Loch an beiden Enden. (Abb. 4 und 5.) Hier heißt das Spiel Naranj . Bretter im selben Exponat aus Ceylon hatten vierzehn Löcher mit zwei großen zentralen Hohlräumen (Abb. 6), das Spiel wurde Chanka genannt . Ein indischer Herr teilte mir mit, dass das Spiel in Bombay üblich sei. Seine Hoheit, der Sultan von Johore, stellte unter dem Namen Chongkak ein bootförmiges Brett mit sechzehn Löchern (Abb. 7) aus . Ich erfuhr auch, dass das Spiel sowohl auf Java als auch auf den Philippinen verbreitet war, wo auch ein bootförmiges Brett mit sechzehn Löchern verwendet wird (Tafel 2, Abb. 2), das Spiel heißt Chungcajon . Es scheint also, dass sich das Spiel entlang der gesamten Küste Asiens bis zu den Philippinen erstreckt. Mancala und eine Art Zugluft waren die Lieblingsvergnügungen der Neger aus der französischen Siedlung Benin an der Westküste Afrikas im sogenannten Dahomey-Dorf auf der Columbian Fair. Sie spielten auf einem bootförmigen Brett mit zwölf Löchern in zwei Reihen, das sie Adjito nannten , mit Kieselsteinen Adji , wobei das Spiel selbst Madji genannt wurde . Mit dem afrikanischen Kontinent scheint das Mancala-Spiel am engsten verbunden zu sein. Es kann sozusagen als das afrikanische Nationalspiel angesehen werden. In der Ausstellung des Staates

Liberia in Chicago gab es nicht weniger als elf Tafeln in drei verschiedenen Formen, die angeblich von den Deys , Veys , Pesseh , Gedibo und Queah stammten . (Abb. 8 , 9 und 10.) Sie wurden unter dem Namen Poo katalogisiert, unter dem das Spiel zivilisierten Liberianern bekannt ist. Tatsächlich ist das Spiel unter den afrikanischen Stämmen von Osten nach Westen und von Norden nach Süden verbreitet. In Nubien, wo ein Brett mit sechzehn Löchern verwendet wird, ist es als Mungala bekannt .

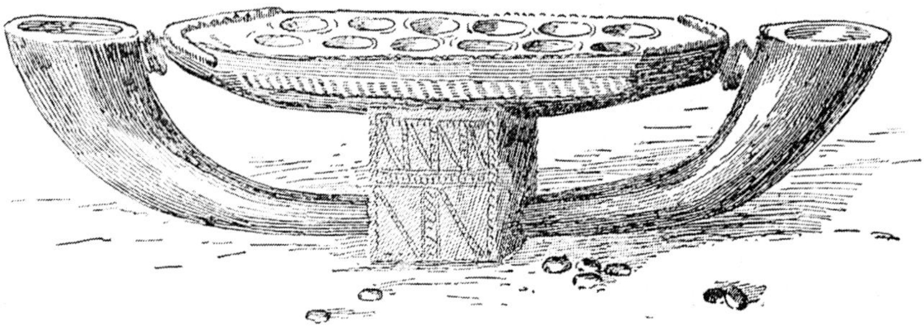

Abb. 8.
BOARD FÜR POO (MANCALA).
Liberianische Ausstellung, Weltausstellung in Kolumbien.

Abb. 9.
BOARD FÜR POO (MANCALA).
Liberianische Ausstellung, Weltausstellung in Kolumbien.

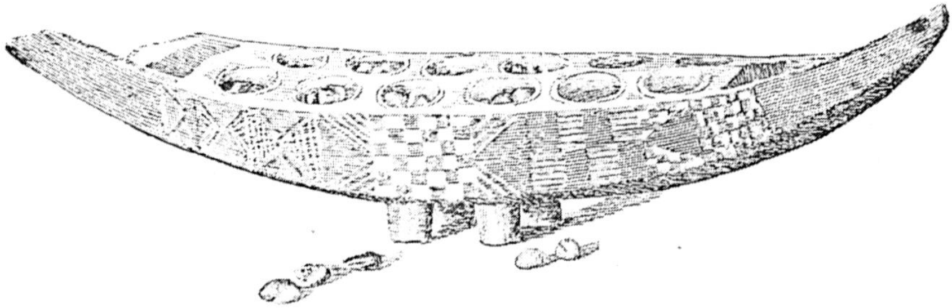

Abb. 10.
BOARD FÜR POO (MANCALA).
Liberianische Ausstellung, Weltausstellung in Kolumbien.

Platte 2.

Mancala-Bretter.

ABB. 1. – MANCALA-BRETT.
Beirut, Syrien.Kat. Nr. 164700, USNM

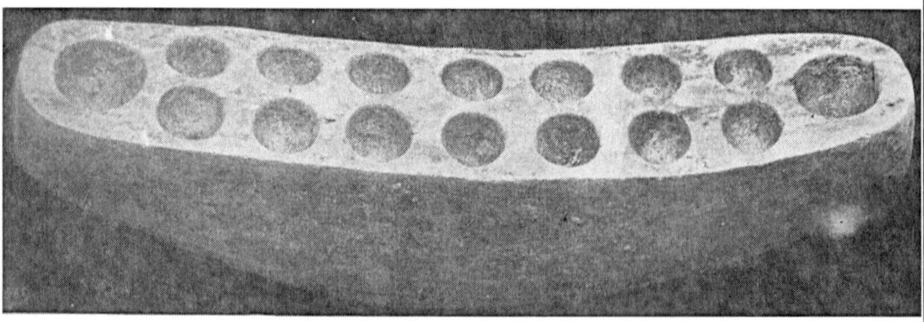

ABB. 2. – TAFEL FÜR CHUNCAJON (MANCALA).
Philippinische Inseln. Gesammelt von Alexander R. Webb. Katze. Nr. 154195, USNM

Abb. 11.
BRETT FÜR GABATTÀ (MANCALA).
Abessinien. Aus einer Figur in der „Heiligen Stadt der Äthiopier" von JT Bent.

In der Erzählung über die portugiesische Gesandtschaft von Alvarez in Abessinien (1520-1527) wird „Mancal" als ein unbekanntes Spiel erwähnt, das unter Don Manuel veraltet war. Bent hat kürzlich beschrieben, dass es in Abessinien noch immer unter dem Namen Gabattà existiert . [2] (Abb. 11.) Dr. George Schweinfurth gibt an, dass es von den Niam-Niam gespielt wird und ständig von allen Menschen im gesamten Gazelle-Distrikt gespielt wird, obwohl es den Moubuttoo vielleicht nicht bekannt ist . Das Niam-Niam nennen Sie das Brett, das sechzehn Hohlräume hat, davon zwei am Ende für die Aufnahme der Kaurimuscheln, Abangah (Abb. 12), und der Bongo-Name für das Brett ist Toee . Er sagt auch, dass man es bei den Peulhs , den Foolahs , den Toloofs und den Mandingos in den Senegal-Ländern findet , die einen großen Teil ihrer Zeit diesem Vergnügen widmen. Rohlfs fand es bei den Kadje , zwischen den Tsad und den Benue. [3] Es kommt auch bei den Biafren und den Kimbunda vor . Héli Chatelain, der einige Zeit in Angola lebte, beschrieb mir das Spiel unter dem Namen Mbau und sagte, dass für dieses Spiel an den Stationen, an denen die Träger Halt machen, Hohlräume in den Fels gehauen würden. Ein von ihm in Elmina gesammeltes Brett, das sich heute im US-Nationalmuseum in Washington, D.C. befindet, weist zwölf Löcher in zwei Reihen auf, mit großen Löchern an den Enden. (Taf. 3.)

[2] Über die Bauern von Sallaba sagt er: „Diese primitiven Menschen sind perfekte Künstler im Kuhmist. Aus diesem Material fertigen sie große Krüge zur Aufbewahrung ihres Getreides, Trinkkelche und Bretter für das

Universalspiel, die die bessere Klasse aus Holz herstellt. Eines davon habe ich mitgenommen, um zu zeigen, wie universell dieses Spiel unter den Abessiniern ist, vom Häuptling bis zum Bauern, und es gelangte ungebrochen ins British Museum. Dieses Spiel heißt Gabattà und die von der besseren Klasse hergestellten Holzbretter enthalten achtzehn Löcher, neun für jede Person. Für jedes Loch gibt es drei Bälle, Chachtma genannt , und das Spiel wird durch eine Reihe von Passspielen gespielt, die uns sehr kompliziert erschienen und die wir nicht lernen konnten; Die Löcher nennen sie ihre Toukouls oder Hütten, und sie sind sehr aufgeregt darüber. Es ähnelt stark dem Spiel, das wir von den Negern in Mashonaland gespielt haben, und ist in der einen oder anderen Form im Allgemeinen in den Ländern zu finden, in denen arabischer Einfluss zu der einen oder anderen Zeit zu spüren war." („Die heilige Stadt der Äthiopier", London, 1873, S. 72-73.)

[3] Richard Andree, „ Ethnographische Parallelen ", neue folge , Leipzig, 1889, S. 102.

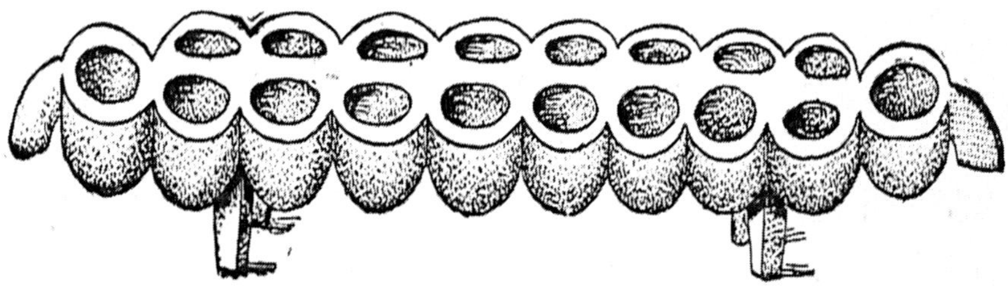

Abb. 12.
PLATTE FÜR ABANGAH (MANCALA), VERWENDET VON NIAM-NIAM.
Aus einer Figur in „Artes Africanæ " von George Schweinfurth .

TAFEL 3.

VORSTAND FÜR MBAU (MANCALA).
Elmina, Afrika. Gesammelt von WH Brown. Katze. Nr. 151128, USNM

TAFEL 4.

MANCALA-BRETTER.

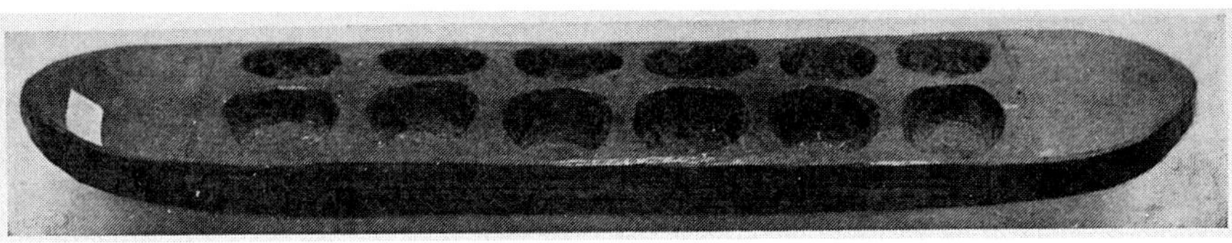

ABB. 1. – BRETT FÜR GRÜNKOHL (MANCALA).
Wasserfälle des Gaboon River, Afrika.
Katze. Nr. 164869. USNM

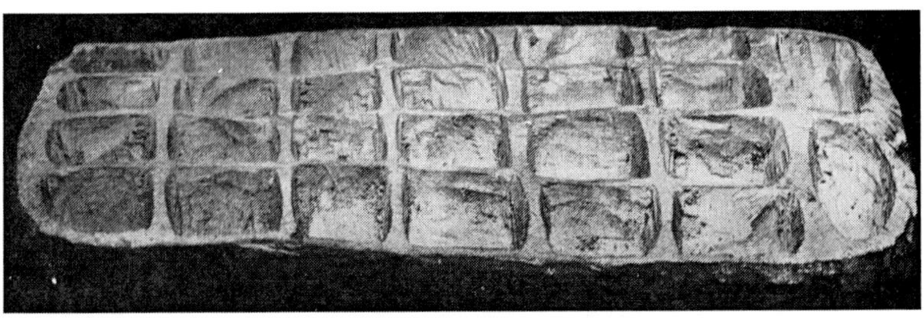

ABB. 2. – ÓCHI- BOARD FÜR BAU (MANCALA).
Kilima -Njaro , Afrika.
Gesammelt von Dr. WL Abbott. Katze. Nr. 181805, USNM

Unter den Fans des Gaboon River wird das Spiel Kale genannt, [4] nach dem bohnenähnlichen Samen, der beim Zählen verwendet wurde. (Abb. 13 und Tafel 4, Abb. 1.) Auf einer weiteren Tafel im US-Nationalmuseum, die von dem abenteuerlustigen Reisenden Dr. WL Abbott vom Stamm der Wa Chaga am Kilima-njaro gesammelt wurde , sind 26 Löcher angeordnet in vier Reihen zu je sechs, mit zwei großen Löchern an den Enden. (Taf. 4, Abb. 2.) Er beschreibt es in seinem von der Smithsonian Institution herausgegebenen Katalog unter dem Namen Óchi , der zum Spielen von Bau , einem in ganz Afrika verbreiteten Spiel, verwendet wird, und sagt, dass es mit Nickersamen und gespielt wird Kieselsteine. Bent gibt in seinen „Ruined Cities of Mashonaland“ den folgenden Bericht über das Spiel: „Riesige Bäume schützten den Eingang zu ihrem Dorf, unter dem Männer Isafuba spielten, das geheimnisvolle Spiel der Makalangas, mit sechzig Löchern in Reihen . im Boden. An diesem Spiel können zehn Männer teilnehmen. Dabei werden Tonscherben oder Steine auf unerklärliche Weise von einem Loch zum anderen entfernt. Wir haben es uns auf dem Land Dutzende Male angeschaut und es dann immer als schlechten Job aufgegeben, weil wir zu dem Schluss gekommen sind, dass es sich um Dame oder Schach handeln muss, die sie von der ehemaligen zivilisierten Rasse, die hier lebte, gelernt haben.“ Anschließend identifiziert er Isafuba mit den Wari-Spielen, die an der Westküste Afrikas gespielt werden.

[4] Der Sammler, Rev. AC Good, gibt den folgenden Bericht über das Spiel: „Zwei Spieler setzen sich auf gegenüberliegende Seiten des Bretts, und in jede der zwölf Taschen werden vier Spielsteine gelegt. Dann nimmt ein Spieler die Spielsteine aus einer Tasche auf seiner eigenen Seite und lässt einen in jede Tasche so weit wie möglich fallen, wobei er auf der Seite seines Gegners nach rechts und zurück geht, in die entgegengesetzte Richtung zu der Richtung, in der die Zeiger der Uhr stehen bewegen. Sie bewegen sich so abwechselnd, bis es einem gelingt, seinen letzten Spielstein in eine Tasche auf der Seite seines Gegners fallen zu lassen, wo sich nur ein oder zwei Spielsteine befanden. Wenn er dies getan hat, hat er die Zähler in dieser Tasche gewonnen, einschließlich seines eigenen letzten Zählers. Diese legt er in den Behälter am Ende des Bretts zu seiner Rechten. Ein einzelner Spielstein aus der letzten Tasche auf der rechten Seite des Spielers kann nicht aus der ersten Tasche auf der gegenüberliegenden Seite des Gegners gewinnen, auch wenn er nur einen oder zwei Spielsteine enthält. Wenn eine Tasche zwölf oder mehr Spielsteine angesammelt hat, so dass ein Spieler fehlerfrei um die Stelle zurückfällt, an der er begonnen hat, muss er die Tasche überspringen, von der aus er gestartet ist. Wenn so wenige Spielsteine in der Tasche auf dem Spielbrett verbleiben, dass kein weiterer gewonnen werden kann, ist das Spiel beendet und jeder zählt seinen Gewinn. Die Spielsteine, die am Ende des Spiels auf dem Spielplan verbleiben, werden von keinem Spieler gezählt. Das Spiel wird manchmal folgendermaßen variiert: Wenn ein Zähler wie oben beschrieben gewinnt, wird nicht nur der Inhalt dieser Tasche gewonnen, sondern auch der Inhalt der Tasche oder Taschen davor auf der gegnerischen Seite, die nur einen oder zwei Zähler

enthielten, bis einer erreicht ist war vor dem Spiel leer oder hatte drei oder mehr Spielsteine. Letzteres ist eher das bessere Spiel von beiden. Die Fans spielen diese Spiele nicht geschickt. Sie scheinen nicht in der Lage zu sein, vorauszurechnen, um zu sehen, wo die letzte Zählung liegen wird. Ein Weißer wird sie jedes Mal schlagen, sobald er das Spiel versteht."

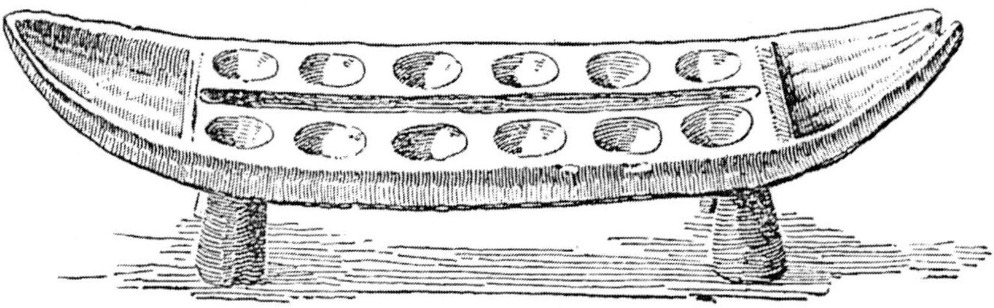

Abb. 13.
BRETT FÜR KALE (MANCALA).
Gaboon River, Afrika.
Aus einem Exemplar im Museum für Archäologie und Paläontologie der University of Pennsylvania.

Prinz Momolu Massaquoi , Sohn des Königs des Vei-Stammes, beschrieb mir die Art und Weise, wie das Spiel unter den Vei gespielt wird. Sie nennen das Spiel Kpo , ein Wort mit einem explosiven Klang, der einem Xylophonton ähnelt und das Geräusch nachahmt, das die Samen oder Elfenbeinkugeln erzeugen, mit denen das Spiel gespielt wird, wenn sie in die Löcher auf dem Brett geworfen werden. Den gleichen Namen tragen die Bretter, die mit zwölf Löchern in zwei Reihen und großen Löchern an den Enden gefertigt sind. Die von den Häuptlingen verwendeten Bretter sind oft sehr teuer, bestehen aus Elfenbein und sind mit Gold verziert. Er hatte Bretter gesehen, die 20 Sklaven kosteten. Die Löcher in den Brettern werden KPO Sing oder KPO genannt kungo , kungo bedeutet „Tasse". Gespielt wird das Spiel meist mit Seebohnen, die wie die Kartoffel an der Westküste an Ranken wachsen, oder von den Häuptlingen mit den bereits erwähnten Elfenbeinkugeln. Diese Samen werden KPO genannt kunje , kunje bedeutet „Same". Er identifizierte ein Brett aus dem Gaboon River als geeignet für das Spiel, obwohl er sagte, dass weitaus aufwändigere Bretter, wie die in der liberianischen Ausstellung, üblich seien. Die Vertiefung in der Mitte des Bretts aus dem Gaboon River soll Spielsteine auffangen, die nicht in das Loch fallen, für das sie gedacht sind. Betrügen wird praktiziert, und um sich davor zu schützen, müssen die Spieler ihre Arme heben und die Figuren mit etwas Gewalt auf das Brett werfen. Zwei, drei oder vier spielen. Das Spiel unterscheidet sich etwas von dem, das in Syrien und Ägypten gespielt wird. Ein Spieler kann an jedem Loch seiner Seite beginnen. Sein Spiel endet, wenn die zuerst aufgenommenen Figuren gespielt sind. Er gewinnt, wenn die Zahl am letzten Loch auf zwei oder drei erhöht wird. Die im gegenüberliegenden Loch nimmt er nicht. Beim Zweierspiel werden vier Bohnen in jedes Loch gesteckt, beim Dreier- oder Viererspiel werden jedoch drei Bohnen in jedes Loch gesteckt. Wenn zwei Spieler spielen, werden die Spielsteine in die gleiche Richtung wie im syrischen Spiel fallen gelassen, aber wenn sie zu dritt oder zu viert spielen, können sie in beide Richtungen fallen gelassen werden. Wenn zwei Spieler spielen, nimmt jeder Spieler eine Seite des Spielbretts; Wenn drei Spieler spielen, nimmt jeder vier Löcher, zwei auf jeder Seite, wodurch das Brett quer in drei Teile geteilt wird, und wenn vier Spieler spielen, nimmt jeder drei Löcher. Wenn zwei Spieler spielen, nimmt der Gewinner nur das, was er „tötet" (fá); aber wenn drei oder vier spielen, wenn einer durch sein Spiel zwei oder drei in einem Loch vervollständigt, nimmt er diejenigen im nächsten Loch mit nach vorne. Wenn ein Mann ein Stück nimmt, während eines daneben liegt, drückt er die Stücke mit den Fingern in die Hand. Dieser Vorgang wird „Quetschen" (boti) genannt. Dies ist jedoch nur möglich, wenn sich eines der Stücke in einem der Stücke befindet die eigenen Pokale des Spielers und die anderen ein oder zwei in denen eines Gegners. Die Spieler sitzen mit gekreuzten Beinen auf dem Boden, und wenn die Häuptlinge spielen, versammeln sich oft viele, um ihnen zuzusehen. Ich habe den Bericht von Prinz Momolu etwas ausführlicher dargelegt, da mehrere afrikanische Reisende erklärt haben, dass das Spiel für einen Weißen unverständlich sei.

Dr. Schweinfurth geht davon aus, dass die mohammedanischen Nubier Mancala aus ihrer ursprünglichen Heimat in Zentralafrika erhalten haben, und sagt, dass die Wiederkehr eines Objekts, selbst wenn es trivial ist, in gewisser Weise ein indirekter und nebensächlicher Beweis für die wesentliche Einheit ist, die allen Afrikanern zugrunde liegt Nationen. Herr Bent sagt zu Recht, dass das Spiel in irgendeiner Form überall dort zu finden ist, wo arabischer Einfluss zu spüren ist, führt aber weiter aus, dass es für uns ein weiteres Glied in der Beweiskette darstellt, die die Ruinen von Mashonaland mit einem arabischen Einfluss verbindet. Dr. Richard Andree sagt in seinem bekannten Werk „Ethnologische Parallelen" [5], in dem er viele Berichte über das Spiel zusammengestellt hat, dass er seine Entwicklung von West nach Ost, von Asien bis zur Atlantikküste betrachtet. Diese Meinung teile ich. Peterman erzählt, dass Mancala in Damaskus mit Kieselsteinen gespielt wird, die Pilger auf ihrem Weg von Mekka in einem bestimmten Tal sammeln. Aufgrund der vergleichsweise frühen Erwähnung des Spiels in der arabischen Literatur und der Beibehaltung seines arabischen Namens in Afrika scheint Arabien die Quelle zu sein, aus der es verbreitet wurde. Mohammed verbot das Meiser -Spiel; und Glücksspiele werden, obwohl sie gespielt werden, von den Mohammedanern als von ihrer Religion verboten angesehen. Mancala, ein Spiel des Schicksals oder der Berechnung, scheint mit Toleranz betrachtet zu werden, und es ist nicht unangemessen anzunehmen, dass seine weite Verbreitung darauf zurückzuführen ist, dass es von zurückkehrenden Pilgern in die verschiedenen Teile der mohammedanischen Welt getragen wurde. Wenn wir diese Theorie ihrer Verbreitung akzeptieren, stellen wir uns noch schwieriger mit der Frage nach ihrem Ursprung. Ich fürchte, das lässt sich nicht direkt feststellen und wird erst dann mit Sicherheit bekannt, wenn wir ein größeres Wissen über die Regeln und Gesetze erlangen, die der Entwicklung von Spielen zugrunde liegen, genau wie in jeder anderen Phase der Entwicklung der menschlichen Kultur.

[5] „ Ethnographische Parallen “, neue folge , Leipzig, 1889, S. 101.

TAFEL 5.

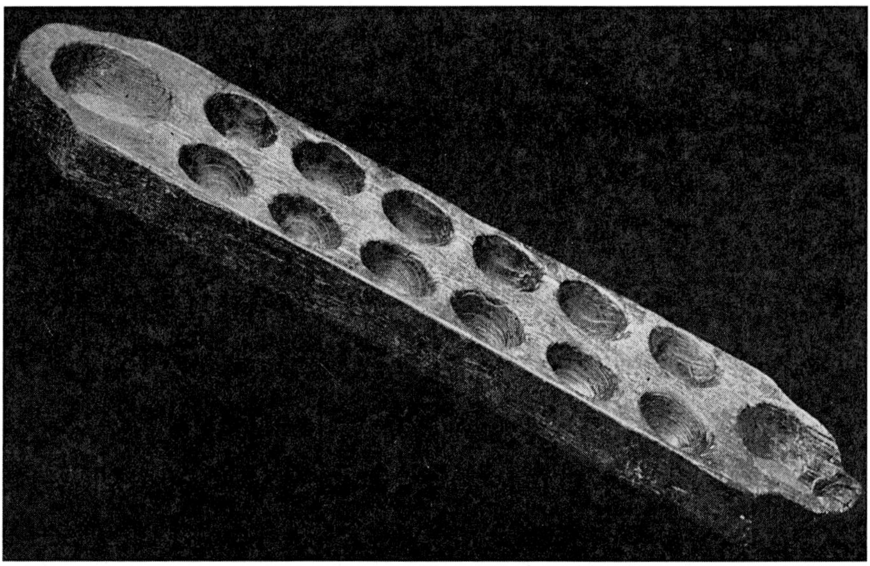

VORSTAND FÜR WA -WE (MANCALA).
Insel St. Lucia. Gesammelt von Rev. F. Gardiner, Kat.-Nr. Nr. 151286, USNM

Kürzlich wurde mir mitgeteilt, dass Mancala ein gewöhnliches Vergnügen der Neger von San Domingo ist, die auf Brettern spielen, die mit Löchern versehen sind. Eine Tafel im US-Nationalmuseum (Abb. 5) wurde von Rev. F. Gardiner jr. in St. Lucia gesammelt, wo das Spiel von den Negern unter dem Namen Wa -wee gespielt wird. [6]

[6] Herr Gardiner schreibt in einem Brief an Dr. G. Brown Goode vom 2. Mai 1895: „Das Spiel Wa -wee wurde in St. Lucia gekauft, aber ich fand es auch auf Barbados und Martinique im Einsatz.“ unter den Negern. Soweit ich feststellen konnte, gingen sie davon aus, dass es sehr alt war – es stammte

von ihren Vätern. Ich nahm an, dass es aus Afrika kam; aber niemand schien etwas darüber zu wissen. Es ist ein normales Glücksspiel." Zur Spielweise sagt er: „Soweit ich mich erinnern kann, wird in jedes der kleinen Seitenlöcher eine bestimmte Anzahl von Bohnen gesteckt, wobei jeder Mann eine Seite und ein großes Loch als Ziel nimmt." Die Bohnen werden aus einem Loch in der Hand aufgenommen und in einer bestimmten Reihenfolge im ganzen Kreis in die anderen Löcher geworfen. Wenn der Letzte in ein Loch fällt, in dem sich eine bestimmte Anzahl Bohnen befindet (ich erinnere mich nicht an die Anzahl), hebt er diese Menge auf und geht weiter. Das Ziel besteht darin, die meisten eigenen Bohnen und die des Gegners in den Endlöchern zu landen."

Es ist nicht unwahrscheinlich, dass Mancala eines Tages seinen Platz unter unseren eigenen Kaminvergnügungen einnehmen wird, wenn dieser Bericht einige Fragen zu seiner Geschichte beantwortet.

Seitdem ich das Obige geschrieben habe, habe ich erfahren, dass das Mancala-Spiel 1891 in den Vereinigten Staaten unter dem Namen Chuba von der Milton Bradley Company aus Springfield, Massachusetts, veröffentlicht wurde, die die folgenden Regeln und einen Bericht über das Spiel liefert :

Chuba ist eine Adaption eines unhöflichen Spiels aus Ostafrika, das bei den Einheimischen sehr beliebt ist. Sie hocken auf dem Boden und spielen in aus dem Sand gegrabenen Löchern, wobei sie Muscheln, junge Kokosnüsse usw. als Spielsteine verwenden, von denen aus sie sich fortbewegen Loch zu Loch. Chuba ist ein Geschicklichkeitsspiel für zwei Spieler, wie es nun der zivilisierten Welt als Abwechslung präsentiert wird. Es besteht aus einem Brett mit 4 parallelen Reihen von Löchern oder Taschen, 11 in jeder Reihe, und 60 kleinen Perlen, die als Männer oder Zähler dienen. [Siehe Abb. 14 .].

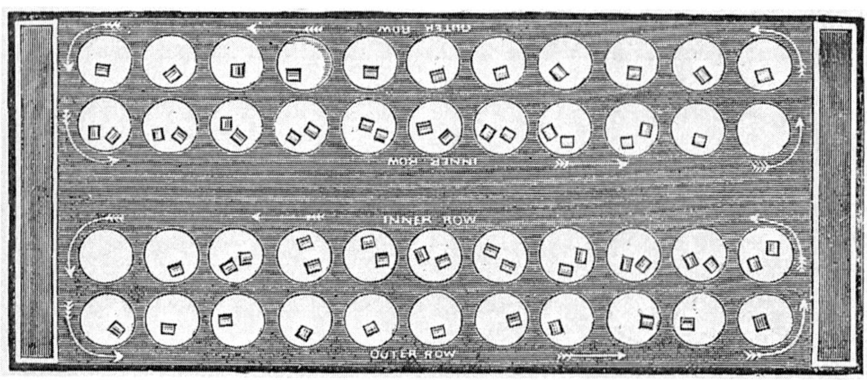

Abb. 14.
CHUBA.
Position der Männer bei Spielbeginn.

Das Spielbrett wird wie gewohnt zwischen die Spieler gelegt, mit den längeren Seiten daneben. Jeder beschränkt sein Spiel auf die beiden Taschenreihen, die ihm am nächsten liegen. Die Reihe nahe seiner Spielbrettkante ist seine äußere Reihe, während die andere seine innere Reihe ist.

Bevor das Spiel beginnt, legt jeder Spieler einen einzelnen Spielstein in jede Tasche seiner äußeren Reihe und zwei Spielsteine in jede Tasche seiner inneren Reihe, mit der Ausnahme, dass die Tasche ganz links in der inneren Reihe frei bleibt und die danebenliegende es hält nur einen Mann. Das obige Diagramm zeigt die Anordnung des Spielbretts zu Beginn des Spiels. Wie durch die Pfeile angedeutet, erfolgen alle Bewegungen in der inneren Reihe von rechts nach links und diejenigen in der äußeren Reihe von links nach rechts. Da sich die Spieler gegenüberstehen, erfolgen die Bewegungen in den beiden inneren Reihen zwangsläufig in entgegengesetzte Richtungen.

Das Privileg, im ersten Spiel als Erster zu spielen, bleibt der Vereinbarung oder dem Zufall überlassen und hat keine Konsequenzen. In den folgenden Spielen übernimmt der Spieler, der im letzten Wettbewerb Sieger war, die Führung.

Der erste Spieler wählt eine beliebige Tasche in seiner inneren Reihe, die mehr als einen Mann enthält, aus der er seinen ersten Zug beginnen möchte, und beginnt das Spiel, indem er alle Männer in dieser Tasche aufnimmt und einen von ihnen in jede der aufeinanderfolgenden Taschen zu sich fallen lässt bleibt, bis alle Männer in seiner Hand verteilt sind. Wenn der letzte Spielstein in eine besetzte Tasche fällt, setzt der Spieler den Zug fort, indem er alle Männer in dieser Tasche, einschließlich des fallengelassenen, aufnimmt und sie wie zuvor entsorgt. Sein Zug muss auf die gleiche Weise fortgesetzt werden, bis der letzte Spielstein in seiner Hand in eine leere Tasche fällt, und der Zug kann sich um den Kurs herum, in die äußere Reihe oder sogar noch weiter erstrecken, wie durch die Pfeile angezeigt.

Befindet sich dieses leere Feld, in das der letzte Mann fällt, in der inneren Reihe und liegt gegenüber ein Feld in der inneren Reihe des Gegners, das einen oder mehrere Männer enthält, fängt der Spieler diese Männer und entfernt sie sofort vom Spielfeld. Und wenn sich ein oder mehrere Männer in der entsprechenden gegenüberliegenden Tasche der äußeren Reihe des Gegners befinden, müssen diese ebenfalls genommen werden. Darüber hinaus muss er ein weiteres Paar gegenüberliegender Taschen in den Reihen seines Gegners auswählen, aus denen er alle darin enthaltenen Männer entfernen kann. Bei dieser Wahl steht es ihm frei, jedes beliebige Gegensatzpaar auszuwählen, ob beide besetzt oder leer sind, oder ob eines besetzt und das andere leer ist. Das beigefügte Diagramm erläutert die Bedeutung dieser Regel. [Siehe Abb. 15 .]

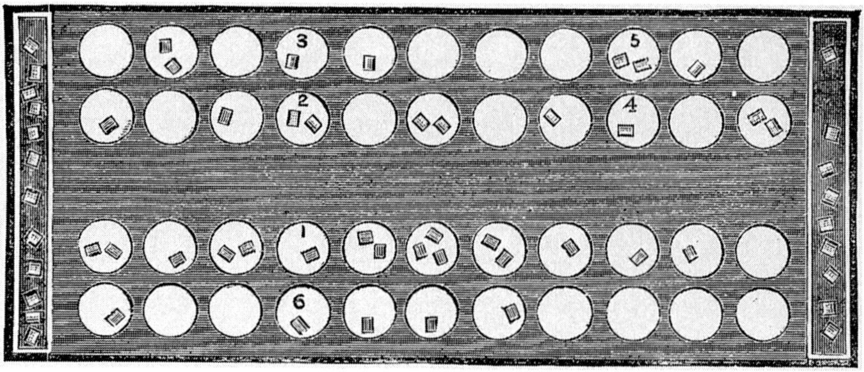

Abb. 15.
CHUBA.

Angenommen, Spieler B hat gerade einen Zug beendet, indem er einen „letzten Mann“ in Nr. 1 fallen lässt. Er kann durch sein Geschick alle Männer in 2 und 3 und auch in 4 und 5 oder aus zwei anderen gegenüberliegenden Taschen seines Gegners schlagen innere und äußere Reihen. Wären jedoch zwei Stellen frei gewesen, hätte er keine Männer einstellen können. Wäre 3 frei gewesen, hätte er die Männer von 2 und die von 4 und 5 nehmen können. Wäre sein letzter Mann in der äußeren Reihe gefallen, zum Beispiel in 6, hätte die Wirkung keinen Nutzen gehabt, da er nichts erobern konnte, weil die äußere Reihe ist immer nicht kämpfend.

Ein Mann in der äußeren Reihe kann nicht bewegt werden, bis er von einem Mann aus der inneren Reihe angegriffen wurde.

Ein Zug kann nicht von einer Tasche aus beginnen, in der sich nur ein Mann befindet, wenn der Spieler eine Tasche hat, in der sich mehr als ein Mann befindet. Wenn ein Zug in einer Tasche beginnt, in der sich nur ein Mann befindet, kann er nicht in eine besetzte Tasche gespielt werden.

Wenn alle Männer, die ein Spieler einzeln gespielt hat, einzeln sind, verfallen die in seiner äußeren Reihe verbleibenden, die nicht gespielt wurden, an den Gegner.

Der Gewinner ist der Spieler, der alle Männer seines Gegners erobert.

Für einen Spieler ist es von Vorteil, wenn er seine Spielsteine so schnell wie möglich auf den Punkt bringt, es sei denn, er sieht, dass sein Gegner das Gleiche tut, obwohl eine andere Strategie klug ist.

Wenn er zwei oder drei freie Felder abdecken möchte, um eine Eroberung durchzuführen , ist dies häufig möglich, vorausgesetzt, er beginnt seinen Zug weit genug von diesen freien Feldern entfernt.

Der Verlust von Zählern zu Beginn des Spiels ist nicht unbedingt ein so großer Nachteil wie in den meisten Spielen, da viel vom letzten Zug abhängt, in dem die Chance auf eine brillante Darstellung des Könnens besteht.

Die einheimischen Spieler des ursprünglichen Chuba sagen am Ende jedes Zuges „ Chee “, was den Gegner zum Fortfahren auffordert; und gegen Ende des Spiels, wenn die Züge schnell hintereinander folgen, ist der Effekt sehr amüsant.

Die Eingeborenen nennen die Schalter in der inneren Reihe „Mann und Frau“ und die in der äußeren Reihe „Jungfrauen“. Aber diese Jungfrauen werden verheiratet, indem man von der inneren Reihe aus einen Spielstein über sie legt, bis im Verlauf des Spiels alle Spielsteine einzeln werden und sie dann alle „Witwen“ genannt werden. Diese Witwen haben gegenüber den verheirateten Familien einen doppelten Vorteil und werden mit Sicherheit Chaos unter ihnen anrichten. Der Name des Spiels ist passend, da das Wort Chuba „auslöschen“ oder „auffressen“ bedeutet und das Ziel jedes Spielers darin besteht, seinen Gegner zu vernichten, indem er dessen Spielsteine in eine Position bringt, aus der ein Entkommen unmöglich ist.

9 789359 257235

Printed at Repro India Ltd.